¡APRENDE YA!
ESCALAS PARA EL
ACORDEÓN DE BOTONES

POR FONCHO CASTELLAR

PLAYBACK+
Speed • Pitch • Balance • Loop

Para accedar al audio vista:
www.halleonard.com/mylibrary

1494-7421-1900-3734

ISBN 978-0-8256-2877-1

HAL•LEONARD®

Visit Hal Leonard Online at **www.halleonard.com**

Explore the entire family of Hal Leonard products and resources

  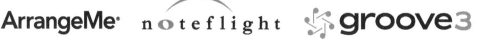 

World headquarters, contact:
Hal Leonard
7777 West Bluemound Road
Milwaukee, WI 53213
Email: info@halleonard.com

In Europe, contact:
Hal Leonard Europe Limited
1 Red Place
London, W1K 6PL
Email: info@halleonardeurope.com

In Australia, contact:
Hal Leonard Australia Pty. Ltd.
4 Lentara Court
Cheltenham, Victoria, 3192 Australia
Email: info@halleonard.com.au

Fotografía de la portada: Randall Wallace
Editor del proyecto: Ed Lozano

Numero de Pedido AM 979308
US International Standard Book Number 978.0.8256.2877.1
UK International Standard Book Number 1.84449.360.1

Índice

4

Lista de Pistas de Audio

1. Las notas musicales
2. Escala de Do
3. Escala de Do (Abriendo)
4. *Ejercicios*
5. Escala de Do (Cerrando)
6. *Ejercicios*
7. Escala de Do -Dos notas-(Abriendo)
8. *Ejercicios*
9. Escala de Do -Dos notas-(Abriendo y Cerrando)
10. *Ejercicios*
11. Escala de Sol (Abriendo)
12. *Ejercicios*
13. Escala de Sol -Dos notas-(Abriendo y Cerrando)
14. *Ejercicios*
15. Escala de Sol -Dos notas-(Abriendo y Cerrando)
16. *Ejercicios*
17. Escala de Fa (Abriendo)
18. *Ejercicios*
19. Escala de Fa -Dos notas-(Abriendo)
20. *Ejercicios*
21. Escala de Re (Abriendo)
22. *Ejercicios*
23. Escala de Re -Dos notas-(Abriendo)
24. *Ejercicios*
25. Escala de Mi (Abriendo)
26. *Ejercicios*
27. Escala de Mi -Dos notas-(Abriendo)
28. *Ejercicios*
29. Escala de La (Abriendo)
30. *Ejercicios*
31. Escala de La -Dos notas-(Abriendo y Cerrando)
32. *Ejercicios*
33. Escala de Sib (Abriendo)
34. *Ejercicios*
35. Escala de Sib -Dos notas-(Abriendo y Cerrando)
36. *Ejercicios*
37. Escala de Si (Abriendo)

Prólogo

El *acordeón de botones* (algunas veces llamado el acordeón diatónico, acordeón moruna, o sinfonía) tiene una historia muy larga. Por muchos años ha sido usado para embellecer folklores musicales de muchos paises y es por esto que este instrumento goza de un alto grado de popularidad. Tocar el acordeón trae un gran entretenimiento para consigo mismo y diversión para todos. Como el instrumento es muy popular he elaborado este método, *¡Aprende ya! Escalas para el acordeón de botones*. Donde el estudiante aprenderá los principios fundamentales de la música. Con un poco de práctica diaria, usted podrá llegar a expresarse musicalmente tocando melodías populares como: cumbias, vallenatos, rancheras, merengues, boleros, salsas, tangos, *etc*. Este método le ayudará a aprender de una manera fácil y sencilla con la cual podrá demostrar sus conocimientos en frente de sus amistades en muy poco tiempo.

Foncho Castellar

Introducción

El acordeón de botones ha sido, desde hace mucho tiempo, uno de los instrumentos favoritos de las naciones europeas. Y como resultado de la gran popularidad en toda America, hemos desarrollado este libro, el cual le puede servir de profesor y/o guía. Es bastante difícil conseguir profesores de este instrumento, por este motivo el método está escrito de una manera didáctica, la cual le ayudará a cumplir su deseo de aprender este popular instrumento.

El aprender a tocar el acordeón de botones no es nada difícil. Siga los pasos uno por uno y ejercite bien los dedos, ya que para tocar el acordeón se necesita mucha digitación.

Para el estudio de el acordeón diatónico es muy importante tener por lo menos una idea de lo que es la teoría musical la cual le ayudará a manejar el instrumento con más entendimiento y facilidad.

Nuestro estudio se basará en el manejo de un acordeón diatónico de tres hileras de botones para la mano derecha y doce botones para los bajos de la mano izquierda. Este sistema también se puede adaptar a cualquier acordeón diatónico, ya sea de una o dos hileras de botones.

Explicación del Acordeón de Botones

El acordeón diatónico es un instrumento portable. Compuesto por dos cajas sonoras rectangulares desiguales, las cuales contienen laminas metalicas vibrantes para producir el sonido. El acordeón está provisto de un teclado para realizar la melodía con la mano derecha (la *clave de Sol* que produce la escala mayor diatónica natural), y botones para los bajos, (la *clave de Fa* con la mano izquierda) que producen algunos tonos fundamentales y acordes. El aire es controlado por medio de una caja flexible conectada a las dos cajas sonoras que se le llama *fuelle*.

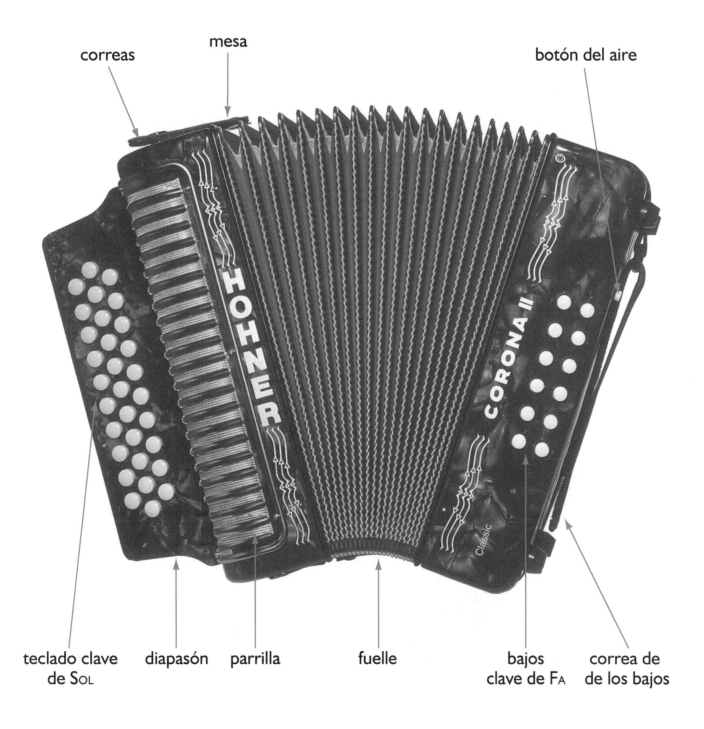

correas   mesa   botón del aire

teclado clave de Sol   diapasón   parrilla   fuelle   bajos clave de Fa   correa de de los bajos

Las Manos y Enumerando los Dedos

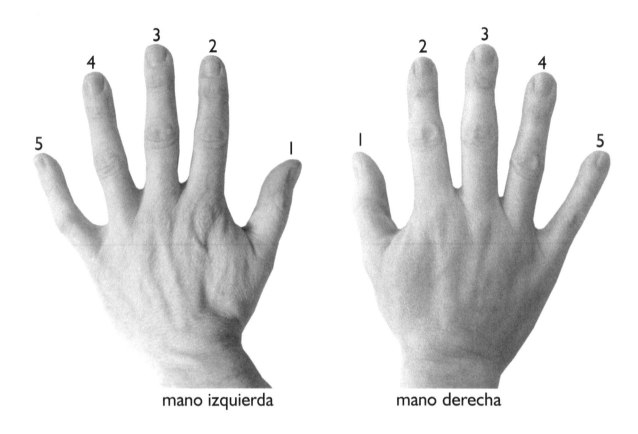

mano izquierda   mano derecha

Sosteniendo el Instrumento

Después de haberse colocado las correas con que se sostiene el instrumento, sientese en una silla sin brazos y coloque el *acordeón* sobre su pierna izquierda.

Coloque el dedo número 1 de la mano derecha a través de la correita que está en el *diapasón*.

Coloque el dedo número 2 sobre el botón número 3 de la hilera C, despúes coloque los dedos número 3, 4 y 5 sobre los botones 4, 5 y 6 respectivamente.

Coloque la mano izquierda por debajo de la correa que se encuentra en la parte izquierda del instrumento colocando el dedo número 1 en el *botón del aire*.

Sostenga las manos en esta posición por un momento hasta que sienta que está en posición de tocar.

Extienda el *fuelle* lentamente y cierrelo usando el botón del aire, con movimiento de la mano izquierda. De nuevo extienda el fuelle y usted estará en posición, listo para tocar.

Explicación de la Tablatura

La *Tablatura* es un sistema de notación parecida al sistema de música común. La tablatúra del acordeón de botónes esta formada por cuatro líneas horizontales que forman tres espacios. Cada espacio representa una de las hileras de botones. Cada número representa el botón que debe pulsar, cerrando y abriendo el fuelle según se indíque. Los números entre paréntesis indican el cierre del fuelle y los números sin paréntesis indican que se abra el fuelle.

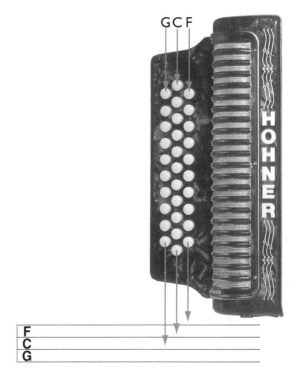

Hay dos tablaturas, una para la mano derecha y otra para la mano izquierda. En este libro le vamos a dar prioridad a la mano derecha.

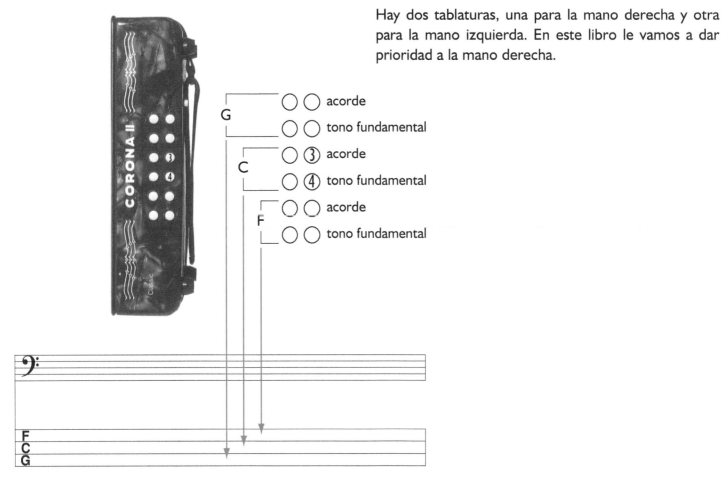

Explicación de Notación Musical Común

Para que se le haga mas fácil el aprendizaje del instrumento, es necesario tener un entendimiento fundamental de el lenguaje musical.

¿Que es la música?

La música es arte y ciencia al mismo tiempo. Tiene como base el sonido; como elemento el ritmo, la armonía, la melodía y el timbre. Es la expresión de los sentimientos, el idioma del alma.

Una nota es la representación gráfica de un sonido.

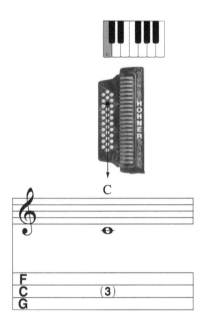

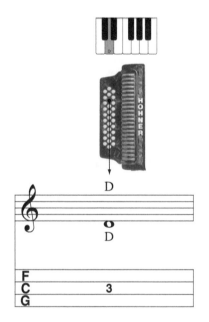

Un acorde es por lo menos tres notas tocadas a el mismo tiempo, agrupadas en terceras.

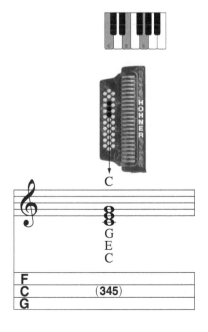

Sabemos que la música es un lenguaje y como tal necesita signos gráficos (notas) para su escritura. Estos signos (notas) se colocan en una figura llamada *pentagrama*.

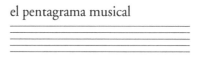

el pentagrama musical

El pentagrama está compuesto por cinco líneas y cuatro espacios.

líneas

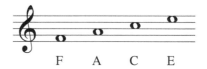

espacios

Cada línea y cada espacio representa una nota.

E   G   B   D   F   A

F   A   C   E

Los pentagramas se hallan divididos por líneas verticales a las cuales se les llama *barras*.

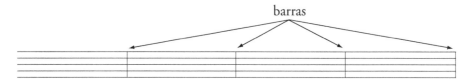

barras

El espacio dentro las barras se llama *compás*.

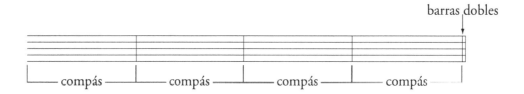

barras dobles

compás — compás — compás — compás

La *doble barra* indica el final de la canción o tema musical.

Dentro del pentagrama y en su parte superior e inferior se escriben los signos. Los principales son: las claves, las notas, los silencios y las alteraciones.

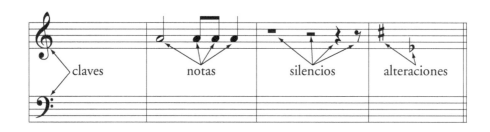

claves   notas   silencios   alteraciones

Las claves son signos que sirven para determinar el nombre de la nota y la altura del sonido. Las más utilizadas son: la *clave de Sol* y *la clave de Fa*.

El sonido grave (bajo) o agudo (alto) depende de la colocación de la nota en el pentagrama.

Los sonidos altos o agudos se tocan en el lado derecho del acordeón, estos se escriben en la clave de Sol. Para los sonidos graves o bajos se usa el lado izquierdo del acordeón, y se escriben en la clave de Fa.

Tiempo de Compás

El compás es la unidad de medida de la música. Los pentagramas estan divididos por líneas verticales llamadas barras. El espacio comprendido entre dos barras se llama compás.

Cada compás posee un número de tiempos acentuados. Estos tiempos constituyen la medida exacta de la música y la combinación de estos tiempos es lo que se llama *ritmo*.

El ritmo o tiempo es indicado por los números colocados al principio de cada pieza, al lado derecho de las claves de Sol o de Fa.

El número de arriba indica la cantidad de tiempos en cada compás. Y el número de abajo indica la nota que representa un tiempo. Una nota negra vale un tiempo.

Tenemos otros *tiempos de compás* como el de ¾ (tres tiempos en cada compás) que se usa en los valses.

También tenemos el *tiempo de compás* de ²⁄₄ (dos tiempos en cada compás) que se usa mucho en las polkas, los corridos, *etc*.

El Valor de las Notas

redonda = 4 tiempos silencio de redonda = 4 tiempos

blanca = 2 tiempos silencio de blanca = 2 tiempos

negra = 1 tiempo silencio de negra = 1 tiempo

corchea = 1/2 tiempo silencio de corchea = 1/2 tiempo

tresillo = 1/3 tiempo silencio de tresillo = 1/3 tiempo

semicorchea = 1/4 tiempo silencio de semicorchea = 1/4 tiempo

Repaso

cuatro tiempos en cada compás

1 2 3 4   1 2 3 4   1 2 3 4   1 2 3 4

la nota negra vale un tiempo

dos tiempos en cada compás

1   2   1   2

la nota negra vale un tiempo

tres tiempos en cada compás

1 2 3   1 2 3   1 2 3   1 2 3

la nota negra vale un tiempo

Mano Derecha

La primera línea (G o Sol): los botones de la línea G
estan numerados del 1 al 10.

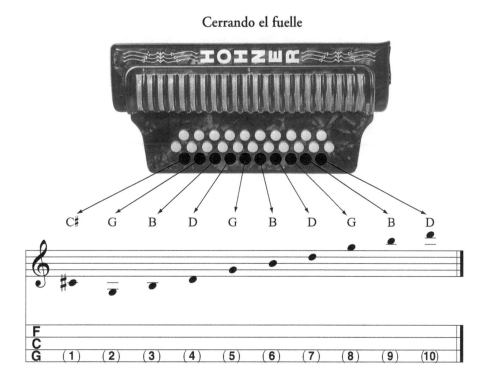

Abriendo el fuelle

Cerrando el fuelle

La segunda línea (C o Do): los botones de la línea C
estan numerados del 1 al 11.

Abriendo el fuelle

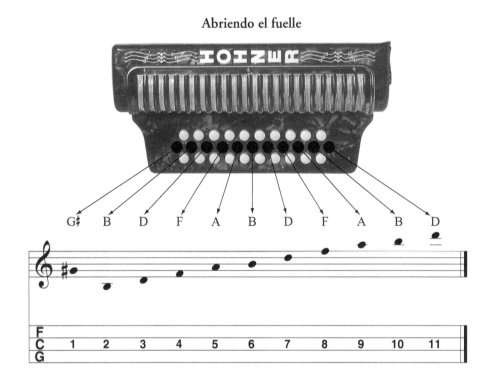

Cerrando el fuelle

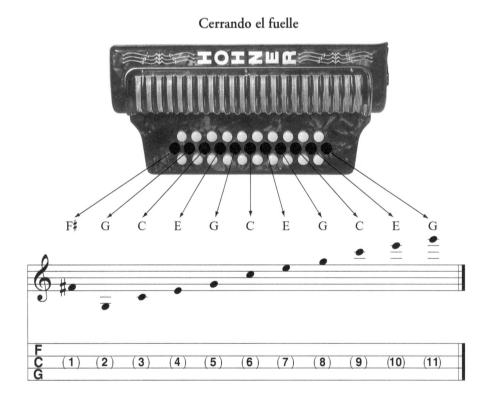

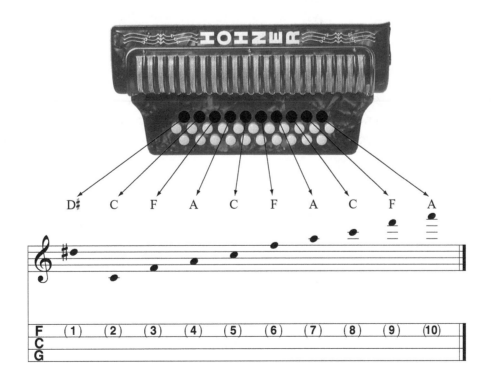

La tercer línea (F o Fₐ): los botones de la línea F estan
numerados del 1 al 10.

Abriendo el fuelle

Cerrando el fuelle

Tocando el Instrumento

pista 1

Extienda el fuelle y coloque el dedo número 2 de la mano derecha sobre el botón número 3 de la hilera del centro Do (C). Mantenga la nota pisada y cuente 4 tiempos marcando con el pie y cerrando el fuelle lentamente (1, 2, 3 y 4) usando un segundo por cada tiempo. La nota que usted esta pisando es el primer tono de la escala mayor llamado Do (C), la *tónica*.

Levante el dedo y (con el mismo dedo) pise el mismo botón extendiendo el fuelle lentamente contando los cuatro tiempos (1, 2, 3 y 4). La nota que suena es el segundo tono de la escala mayor llamado Re (D), la *supertónica*.

Ahora levante el dedo y pise el botón número 4 con el dedo número 3 cerrando el fuelle y contando cuatro tiempos. El tono que suena es el tercer tono de la escala mayor llamado Mi (E), la *mediante*.

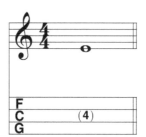

Pisando el mismo botón con el mismo dedo, extendiendo el fuelle, y contando los cuatro tiempos se toca la proxima nota. Esta nota es el cuarto tono de la escala mayor llamada FA (F), la *subdominante*.

Levante el dedo y pise el botón número 5 con el dedo número 4. Ahora cierre el fuelle lentamente y cuente los cuatro tiempos. Estás produciendo el quinto tono de la escala mayor y esta nota se llama SOL (G), la *dominante*.

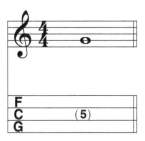

Tocando el mismo botón con el mismo dedo extendiendo el fuelle y contando los cuatro tiempos se produce el sexto tono de la escala mayor. Esta nota se llama LA (A), la *superdominante*.

Ahora levante el cuarto dedo y pise el botón número 6 con el dedo número 5. Abriendo el fuelle se produce el septimo tono que se llama Si (B), la *sensible*.

Pisando el mismo botón, cerrando el fuelle producirá el octavo tono de la escala de Do (C).

Ahora toque la escala mayor en forma ascendente y en forma descendente. El ejemplo contiene la escala con notación tradicional, y la tablatura. El valor de la nota es de cuatro tiempos, y se le llama *redonda* (o). Cuando toque la escala, no se olvide de contar cuatro tiempos en cada compás. Cuando usted logre hacer esto con facilidad estará listo para tocar ciertas melodías con la mano derecha.

pista 2

Escala de Do

F									
C	(3)	3	(4)	4	(5)	5	6	(6)	(3)
G									

Escalas Diatónicas

Todas las escalas se presentan con una tablatura y la ubicación en el piano, seguidas de ejemplos para poder familiarizarse con estas. Practique cada ejemplo despacio, contando cuidadosamente cada compás.

Escala de C (Abriendo)

pista 3

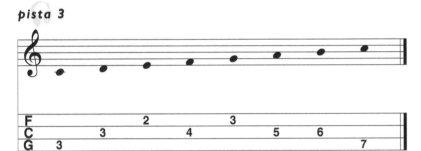

pista 4

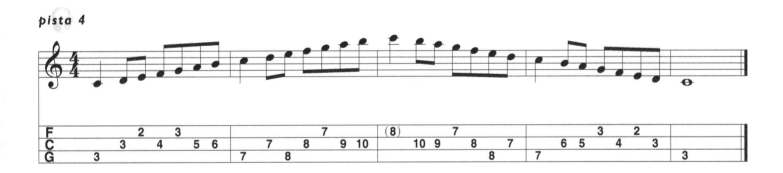

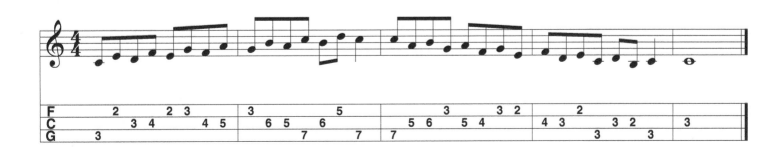

Escala de C (Cerrando)

pista 5

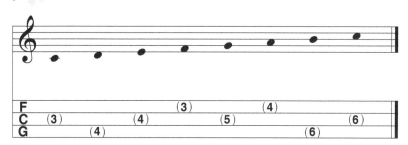

pista 6

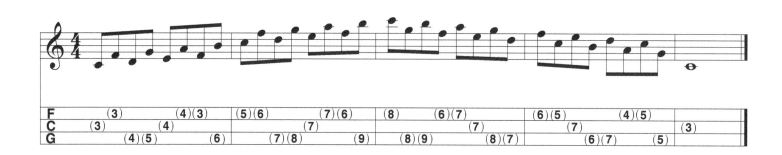

Escala de C -Dos notas- (Abriendo)

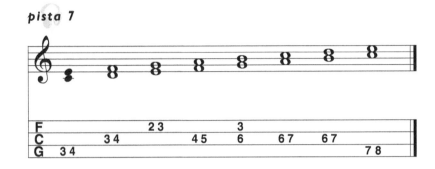

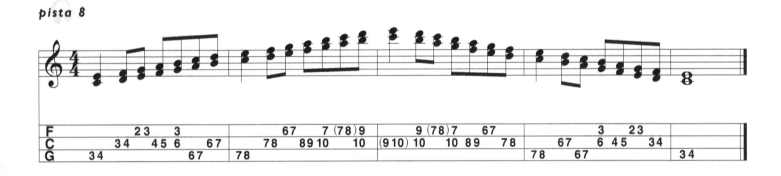

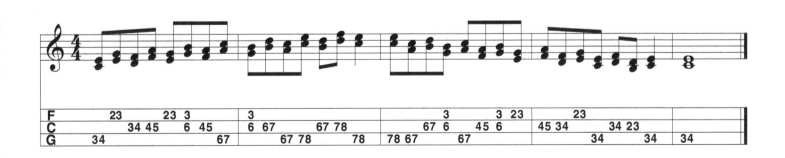

24

Escala de C -Dos notas- (Abriendo y Cerrando)

pista 9

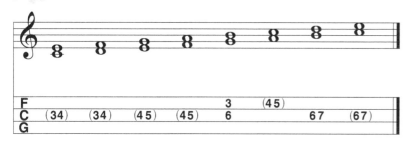

pista 10

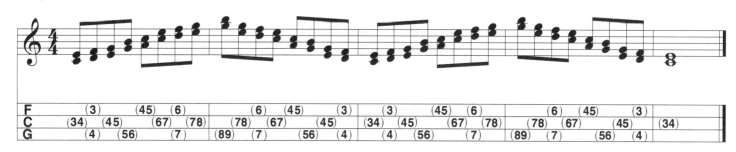

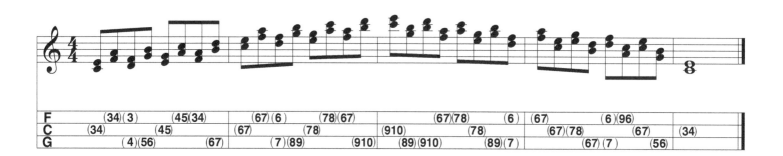

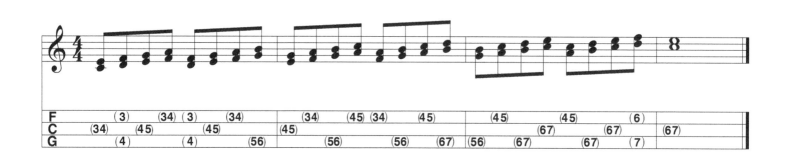

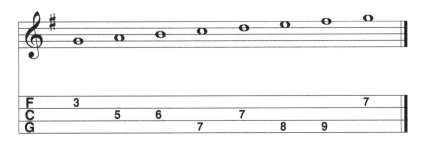

Escala de G (Abriendo)

pista 11

pista 12

Escala de G -Dos notas- (Abriendo)

pista 13

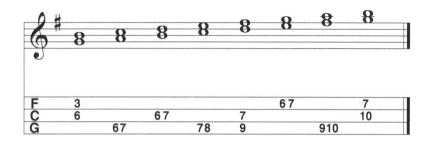

F	3					6 7		7	
C	6		6 7		7			10	
G		6 7		7 8	9		9 10		

pista 14

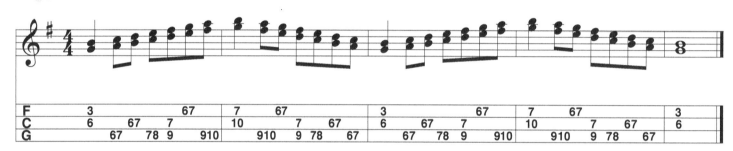

F	3		67	7	67		3		67	7	67		3
C	6	67	7	10		7	67	6	67	7	10		7	67	6
G		67	78	9	910	910	9	78	67		67	78	9	910	910	9	78	67	

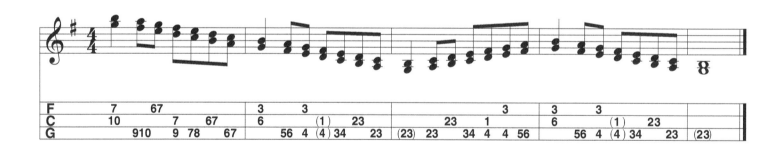

F	7	67		3	3				3	3	3		
C	10		7	67	6		(1)	23		23	1	6		(1)	23	
G		910	9	78	67	56	4	(4) 34	23	(23)	23	34	4	4	56	56	4	(4) 34	23	(23)

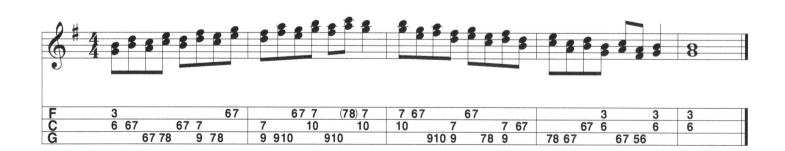

F	3		67	67 7	(78) 7	7 67	67		3	3	3
C	6 67		67 7	7	10	10	10	7	7 67	67 6	6	6
G		67 78	9 78	9 910	910		910 9	78 9	78 67	67 56	

Escala de G -Dos notas- (Cerrando)

pista 15

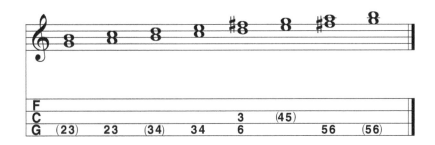

pista 16

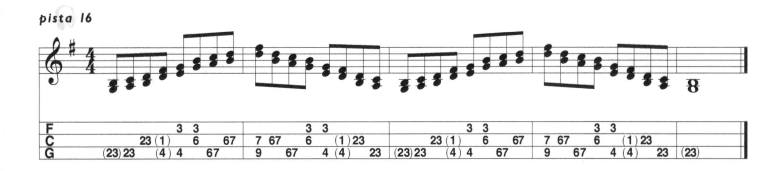

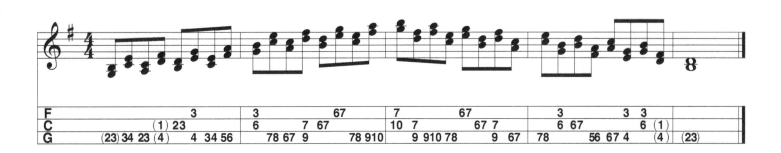

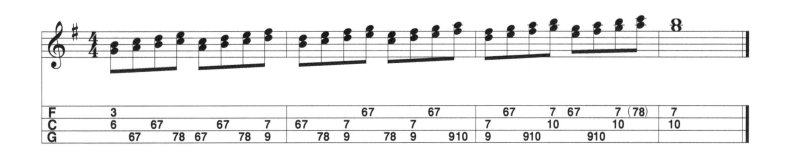

28

28

Escala de F (Abriendo)

28

pista 17

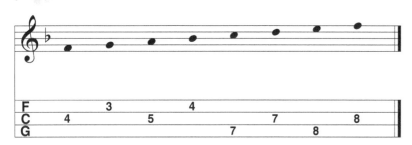

pista 18

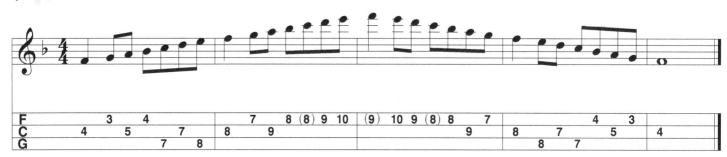

Escala de F -Dos notas- (Abriendo)

pista 19

pista 20

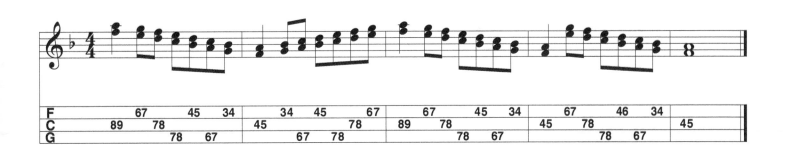

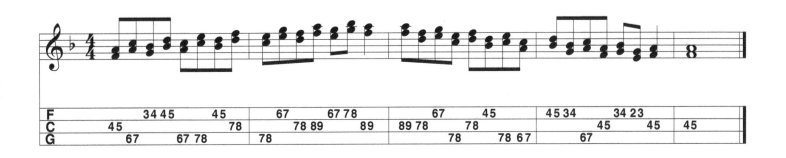

30

Escala de D (Abriendo)

pista 21

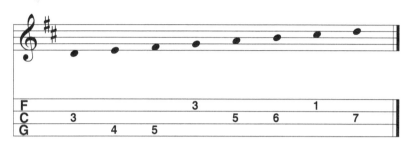

pista 22

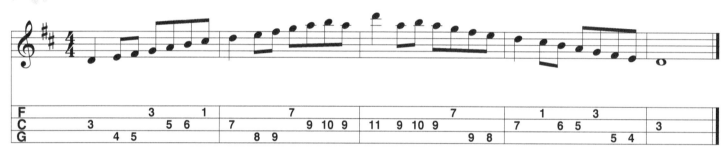

Escala de D -Dos notas- (Abriendo)

pista 23

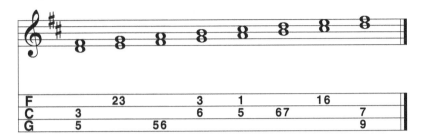

F		23			3		1		16		
C	3				6	5	67			7	
G	5		56							9	

pista 24

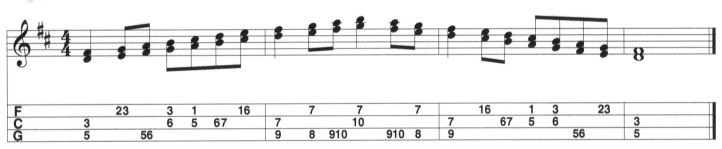

F		23	3	1		16		7		7		7		16		1	3		23		
C	3			6	5	67		7			10			7		67	5	6			3
G	5		56					9	8	910		910	8	9				56			5

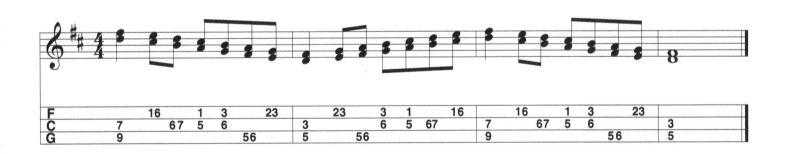

F		16		1	3		23		23		3	1		16		16		1	3		23		
C	7		67	5	6				3			6	5	67		7		67	5	6			3
G	9				56				5		56					9				56			5

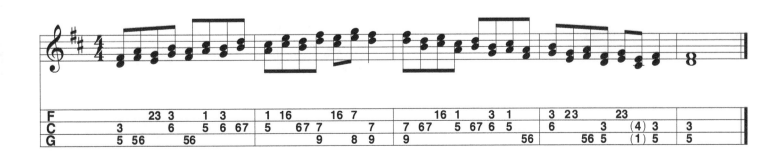

F		23	3		1	3		1	16		16	7		16	1		3	1		3	23		23		
C	3			6		5	6	67	5		67	7		7	67		5	67	6	5		6		3	(4) 3	3
G	5	56		56						9		8	9	9				56			56	5	(1) 5	5

Escala de E (Abriendo)

pista 25

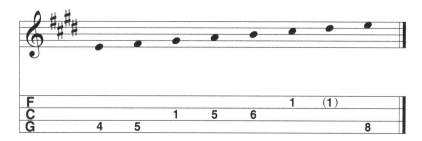

pista 26

Escala de E -Dos notas- (Abriendo)

pista 27

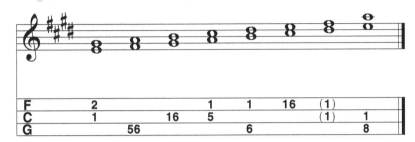

F	2			1	1	16	(1)	
C	1		16	5			(1)	1
G		56			6			8

pista 28

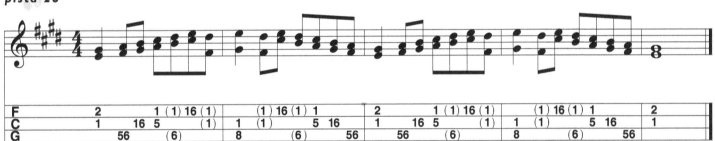

F	2			1 (1) 16 (1)		(1) 16 (1) 1		2			1 (1) 16 (1)		(1) 16 (1) 1		2
C	1		16 5	(1)	1 (1)	5 16		1	16 5	(1)	1 (1)	5 16		1
G		56	(6)		8	(6)	56	56	(6)		8	(6)	56	

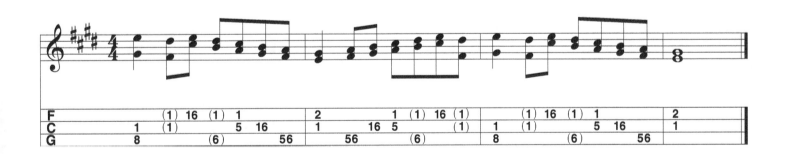

F		(1) 16 (1) 1		2		1 (1) 16 (1)		(1) 16 (1) 1		2
C	1 (1)	5 16		1		16 5	(1)	1 (1)	5 16	1
G	8	(6)	56		56	(6)		8	(6)	56

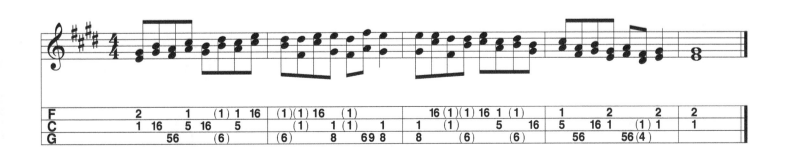

F	2	1	(1) 1 16	(1)(1) 16 (1)		16 (1)(1) 16 1 (1)	1	2	2	2
C	1 16	5 16	5	(1) 1 (1) 1	1 (1)	5 16	5 16 1	(1) 1	1	
G		56	(6)	(6) 8 69 8	8	(6)	(6)	56	56(4)	

34

Escala de A (Abriendo)

pista 29

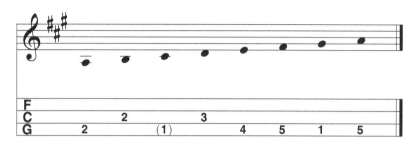

pista 30

Escala de A -Dos notas- (Abriendo y Cerrando)

pista 31

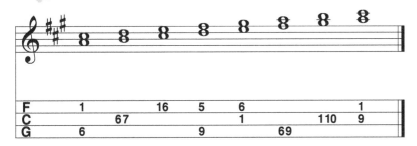

F		1		16	5	6			1
C			67			1		110	9
G	6				9		69		

pista 32

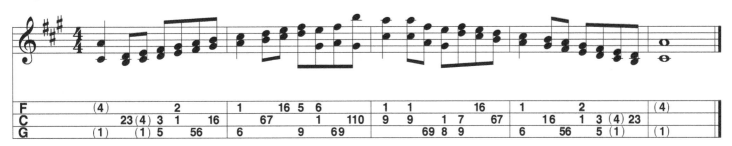

F		(4)			2		1		16 5 6		1	1		16	1		2		(4)
C			23(4) 3	1		16		67		1 110	9 9		1 7	67		16	1 3 (4) 23		
G	(1)		(1) 5		56		6		9 69		69 8 9		6		56	5 (1)		(1)	

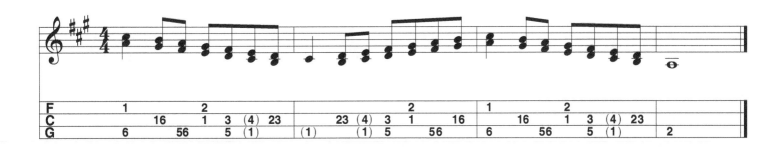

F	1		2						2		1		2		
C		16	1	3	(4)	23		23 (4) 3	1	16		16	1 3 (4) 23		
G	6		56		5	(1)	(1)		(1) 5		56	6	56	5 (1)	2

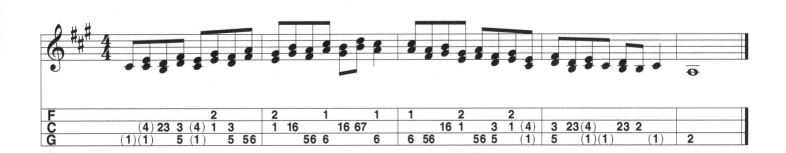

F			2		2			1	1		2			
C		(4) 23 3 (4) 1	3		1 16	16 67			16 1	3 1 (4)	3 23(4)	23 2		
G		(1)(1) 5 (1)	5 56			56 6	6	6 56		56 5	(1) 5	(1)(1)	(1)	2

Escala de B♭ (Abriendo)

pista 33

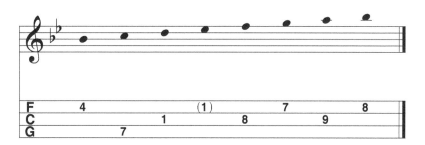

pista 34

Escala de B♭ -Dos notas- (Abriendo y Cerrando)

pista 35

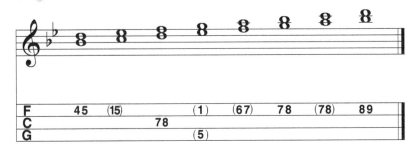

F	45	(15)		(1)	(67)	78	(78)	89
C			78					
G				(5)				

pista 36

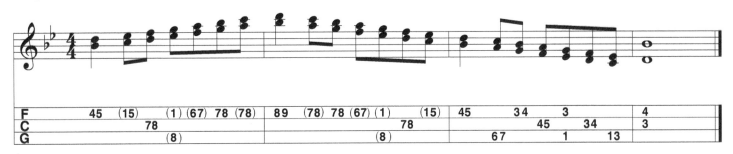

F		45	(15)		(1)	(67)	78	(78)	89	(78)	78	(67)	(1)		(15)	45		34	3		4
C				78								78					45		34		3
G			(8)							(8)				67			1		13		

F	89	(78)	78	(67)	(1)	(15)	45	34	3	4	3	34	45	34	3	4
C			78					45	34	3	34	45		45	34	3
G		(8)				67	1		13	13	1	67	67	1	13	

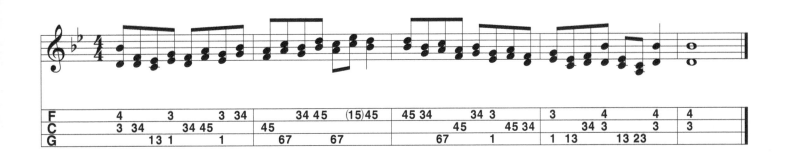

F	4	3	3 34	34 45	(15) 45	45 34	34 3	3	4	4	4
C	3 34	34 45	45			45	45 34	34 3	3	3
G	13 1	1	67	67		67	1	1 13	13 23	

Escala de B (Abriendo)

pista 37

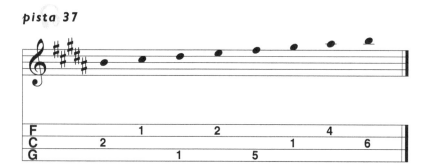

Glosario

Armonía: Ciencia que nos enseña a combinar los tonos y los acordes. En el Acordeón es realizada por la mano derecha y la mano izquierda al pisar determinadas notas.

Acorde: Dos o más notas consonantes que se tocan al mismo tiempo; En el Acordeón, se denomina así también el hecho de pisar tres notas simultaneamente.

Altura: Cualidad del sonido, por la cual los sonidos se dividen en agudos y graves.

Arpegio: Interpretar o tocar en forma sucesiva, los sonidos de un acorde; hay arpegios de 3, 4 o más sonidos.

A,B,C,D,E,F,G,H: Son las letras destinadas en algúnos países, para designar las notas, tomando como base, la nota "LA" -A-(Sistema cifrado).

Adornos: Son sonidos auxiliares, que sirven para enriquecer y dar variedad a la melodía: los principales son: trino, trémolo, arpegio, etc.

Acordeón: Instrumento neumático, de laminas metálicas vibrantes, provisto de un teclado similar al del piano para realizar la melodía, y botones para los bajos; el aire es controlado por medio de un fuelle.

Acento: Intensidad mayor de una nota, con relación a otras.

Bajo: (En el acordeón) consiste en pisar con los dedos de la mano izquierda cualquiera de los botones del lado izquierdo del acordeón.

Bemol: Indica medio tono menos que su respectivo natural, se simboliza así: ♭.

Compás: Es la unidad de medida de la música.

Cumbia: Ritmo típico de la costa atlántica de Colombia, se acompaña con instrumentos de cuerda y percusión.

Corrido: Es un ritmo típico de México, está constituido por un bajo y un acorde, en forma alternada. Ejemplo: Jalisco, allá en el rancho grande, La lancha, etc.

Coro: Conjunto de voces que interpretan obras polifónicas; las voces se clasifican en sopranos, contraltos, tenores, baritonos y bajos.

Composición: Creación musical; es sin duda, uno de los aspectos más difíciles del arte musical, pues se necesita una buena fundamentación teórica y un imaginación excepcional.

Canción: Comoposición en verso, con carácter lírico y sentimental, y con música de estilo melódico y popular.

Duo: Combinación de voces o instrumentos.

Dominante: Es el quinto grado de una escala; se encuentra a tres tonos y medio de distancia de la tónica (ascendentemente). Constituye lo que se denomina en el acordeón como segunda posición.

Digitación: Es el arte y la técnica de colocar los dedos correspondientes en las respectivas teclas y botones.

Descender: Movimiento de la mano derecha de abajo hacia arriba en el Diapasón del acordeón.

Dirección: Arte de conducir agrupaciones musicales: coros, bandas, orquestas, etc; el director debe tener los mejores conocimientos y aptitudes musicales.

Folklor: Música, costumbres y tradiciones de una región o pueblo.

Falsete: Forma artificial de cantar en la cual se fuerza la laringe a producir notas por encima del alcance normal de la voz.

Figuras: Caracteres que presentan la duración de los sonidos largos o breves; son siete, a saber: redonda (𝅝) blanca (𝅗𝅥), Negra (♩), Corchea (♪), Semicorchea (𝅘𝅥𝅯), Fusa (𝅘𝅥𝅰) y Semifusa (𝅘𝅥𝅱); estas guardan entre sí, una proporción matemática.

Mayor: Escala o modo que contiene dos intervalos de semitonos y 5 tonos enteros; entre su tónica y su mediante hay dos tonos completos; es de los dos modos el más brillante y alegre.

Menor: Escala con tres semitonos; un intervalo de tono y medio entre la tónica y la mediante; es el modo melancólico y con carácter más delicado.

Modo: Disposición o arreglo, de los sonidos que conforman la escala musical. Los más usados en la música popular son dos: Mayor y Menor.

Música: Arte y ciencia que tiene como base el sonido. Los elementos que la forman son: el ritmo, la armonía, la melodía y el timbre.

Música popular: Tiene su origen en la necesidad expresiva del pueblo. Su técnica, a veces es elemental, pero su texto y melodía son inspirados y gozan por lo tanto, de amplia aceptación.

Octava: Intervalo formado por dos notas, de las cuales la más alta tiene el doble de frecuencia que la baja; Distancia entre las notas extremas de una escala; contiene ocho grados. El acordeón tiene una extensión de dos octavas y media aproximadamente.

Paseo, Porro y Vallenato: Muy similares a la cumbia; proceden de diversas regiones costeñas: son de ritmo muy alegre y expresivo. Ejemplo: *El mochilón, Se va el caimán, Mi cafetal, etc.*

Paisaje: Ritmo llanero, que se cultiva por igual en Colombia y Venezuela; el auténtico sabor a este aire regional sólo se logra con el conjunto típico de los llanos: Arpa, cuatro y maracas.

Ritmo: En música, se denomina ritmo a las relaciones de duración y acentuación de los sonidos.

Relativos: Tonalidades que tienen varias notas en común. Es la tonalidad que se encuentra a una distancia de tono y medio respecto de la tónica (descendentemente). Ejemplo: Do mayor y la menor, poseen la misma armadura.

Solfeo: Así se denomina a la ciencia y el arte de leer y escribir la música, en forma ya sea hablada o cantada.

Semitono: Distancia menor entre dos notas consecutivas; medio tono.

Tiempo: Velocidad en la cual debe interpretarse una pieza. Ejemplo: moderato, allegro, etc cada uno de los bajos o acordes en el acordeón; divisiones del compás, ejemplo: el vals es un compás de tres tiempos.

Vocalizar: Ejercicio que en el arte del canto se ejecuta sustituyendo los nombres de los sonidos por cualquiera de las vocales con el fin de lograr mayor tesitura y belleza vocal.